Oscar Prieto Ramírez

Autor: Oscar Prieto Ramírez

Dibujante: Miguel García Falla

Pintura y detalles: Emily Tapia Mattza

Fotografía: Ricardo Prieto Barrientos

Diagramadora: Fabiola Odiaga Pinto

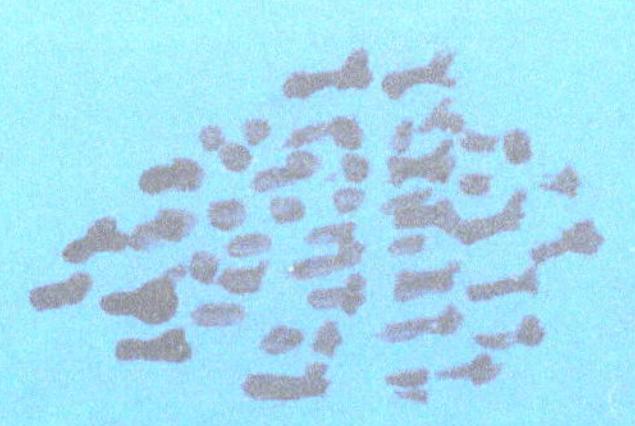

Lulita
La estrella marina

Dedicado a mis amigas Águeda Herrera y Sandra Artola, quienes me animaron aquella tarde a crear el cuento.

A mis familiares y amigos que siempre estuvieron pendientes de Lulita.

En especial a Lulu, mi compañera de toda la vida, quien cree siempre en mí.

Lulita

¡Qué frío sentí al nacer, en las azules y frías aguas del mar! La vista en los alrededores era maravillosa y algo extraña. Yo estaba rodeada de peces, piedras, cangrejos, erizos y caracoles. Mis padres estaban muy cerca, siempre contemplándome con una sonrisa; eran jóvenes y apuestos. No dejaban de sonreír cada vez que me miraban, como si yo perteneciera a otro mundo. Pero claro, estaba en mi hogar: los ricos y abundantes mares del Perú.

Llegué al mundo cerca de los arrecifes. El ambiente me parecía muy cordial. "¡Lulita, Lulita!", no dejaban de repetir mis papás, mientras me acariciaban una y otra vez. Se les veía muy felices, tanto que parecían haber perdido el juicio. Los amigos de mis papás entraban a nuestro hogar a visitarme. ¡Era sensacional!

—Es tan hermosa, pequeña y delicada —escuchaba que le decían a mi madre, mientras la abrazaban.

"¿Será difícil traer al mundo un ser como yo?", pensaba. "¿Será por eso que la felicitan tanto?". Yo era muy hermosa, en verdad.

Mi papá entraba y salía de nuestro hogar, vociferando:

—¡Entren! ¡Entren a la casa! ¡Conozcan lo linda que es mi hijita, Lulita, la estrella!

Por aquellos días pasaba largo rato observando mi cuerpo, que era diferente del de otros seres marinos. No tengo aletas como la mayoría de los habitantes de aquí; mis papás me habían hecho igual a ellos y a todas las estrellas marinas. Soy pequeña y de un fuerte color anaranjado. Mi áspero cuerpo es algo redondo, con cinco fuertes brazos con pequeños orificios —mis ventosas— que me sirven para trepar y adherirme a las rocas sin ser arrastrada por la corriente.

Al cabo de unos días, mis papás me llevaron por los alrededores, a trepar rocas grandes y pequeñas rodeadas de arena blanca. Vimos peces de colores, erizos, cangrejos e infinitas variedades de seres cuyos nombres apenas logré recordar. Aún no podía moverme bien entre las piedras: eran muy duras para mis delicadas ventosas, que no estaban acostumbradas a superficies tan ásperas e irregulares. A menudo mis padres y sus amigos me contaban peligrosas aventuras que habían enfrentado con grandes animales que habitaban en las cercanías y que podían hacernos daño, por lo que me pedían que no me alejara mucho de ellos.

Una vez, mientras paseábamos, mi papá se distrajo y me escondí velozmente detrás de una piedra. Él comenzó a buscarme desesperado gritando mi nombre. Lo vi tan asustado que salí a su encuentro. Él me abrazó entre sus corpulentos brazos y derramó una lágrima sobre mi rostro. Era extraño, porque sonreía mientras parecía llorar al mismo tiempo.

—Me alarmé, hijita, pensé que te habías perdido —me susurró al oído, mientras me apretaba contra su cuerpo. Él es tan fuerte que me siento protegida a su lado. Todos por aquí lo respetan muchísimo.

Cuando regresamos, mi mamá nos esperaba con la comida lista, que yo disfrutaba con gran apetito. "¡Qué bueno es tenerlos a mi lado!", me repetía en todo momento, mientras los veía esmerarse día a día para que yo comiera bien y viviera feliz. Por las noches, mi papá me abrazaba y nos sentábamos juntos en su gran sillón de mármol. Yo aprovechaba para echar una siesta en sus brazos, mientras él me acariciaba. Él es tan imponente como el rey de todas las estrellas marinas, y yo era su princesa.

Alrededor de nuestro hogar hay muchas algas que le dan un aspecto encantador, semejante a cortinas, solo que estas salen de las rocas y flotan hacia la superficie del mar. Se mueven lentamente, como si bailaran al ritmo de las corrientes marinas que pasan por allí. Realmente es cautivador.

Por las noches, el mar parece enfriar más, por eso mi habitación está al fondo de nuestra casa, donde hay arena cálida. Cuando me acostaba, daba vueltas en mi cama de concha marina antes de quedarme dormida, entonces mamá entraba a cubrir a Lucero, un pez de esos que tienen luz propia y que alumbraba toda mi habitación. Recuerdo cuando papá convenció a Lucero de que se quedara en casa. Le dijo que, si hubiese luz en mi cuarto, yo ya no tendría miedo de dormir sola. Aún no tenía un hermanito que me acompañase. Gracias a Lucero, en mi habitación parecía ser siempre de día.

Cuando crecí un poco más, mis papás salían a menudo fuera de casa, mientras yo jugaba sola sin alejarme demasiado. Iba de un lado a otro, investigando y trepando por las rocas más altas para poder ver todo desde allí. Mi vista no alcanzaba a divisar la inmensidad del mar, tan vasto como el cielo que estaba sobre nosotros. Las aves nadaban como los peces, pero a través del aire. ¡Muy peculiar! Los peces las temían, y con razón, porque las gaviotas se lanzaban al agua y los atrapaban sin remedio.

Algunas estrellas marinas jugaban cerca de casa, pero no me daban importancia; yo tampoco me atreví a acercarme. Creo que tenía algo de temor, quizás era miedo a que se burlasen de mí. "¿Pero de qué?", me pregunto ahora. Ideas tontas que se me venían a la cabeza. En una ocasión en que estaba sola, una estrella que jugaba cerca me miró y se empezó a reír junto a otras que la acompañaban. No entendí por qué, pero me dejaron una sensación muy distinta de la que sentí el día en que nací. Nadie se había burlado de mí antes. Estuve muy confundida: pensé que tal vez yo no era igual a ellas, o quizás, al crecer, había ido perdiendo mi belleza.

Tiempo después, cuando dejé de ser una niña y ya iba a la escuela, hice algunos amigos. Allí conocí a Orli del Pozo. Lo llamaban así porque vivía en una especie de grieta que hacía honor a su apelativo: realmente de temer. Orli es un pez pintadilla de color plata y anaranjado. Él conocía muy bien los alrededores y me llevaba de un lugar a otro. Incluso una vez lo acompañé a conocer su casa, pero aquel profundo orificio era el más feo de los lugares.

Sentí miedo y no me atreví a entrar. Él se refugiaba muy bien en la oscuridad, sin compañía. Por algún motivo, sus padres se fueron de casa y él vivía a su entera libertad. Nunca olvidaré que eso parecía hacerlo feliz, aunque en realidad creo que echaba de menos a su familia.

Orli me presentó a otras estrellas marinas: Miguel y Shana. Miguel es muy apuesto; apenas lo conocí me sonrojé. Es como el príncipe de las estrellas marinas. No podía dejar de mirarlo, por más que quería evitarlo. Me desesperé tanto al saludarlo que al decirle mi nombre tartamudeé y me sentí la estrella más tonta del mundo. ¡Qué vergüenza!

Nos hicimos muy amigos, y desde ese momento empezamos a salir juntos todos los días. Después de clases, Miguel y Olri pasaban largo rato jugando con una pelota. Realmente no me interesaba mucho el juego, pero aprendí a patearla una y otra vez con la ilusión de agradarle. Él, sin embargo, lo único que miraba era su pelota: su mundo parecía ser la pelota y yo me sentía peor que la pelota. Shana, que era la mejor amiga de Miguel, lo conocía muy bien. Yo le preguntaba de todo sobre él, intentando no llamar mucho la atención.

Un día se me ocurrió una idea. Conseguí un par de bellos aretes de perlas de concha marina que mi mamá guardaba para ocasiones muy especiales. Me los coloqué para verme hermosa y atraer su curiosidad. Aquella tarde nos juntamos todos, como siempre después de la escuela. Esperé muy nerviosa a que Miguel se diese cuenta de mi cambio, pero él se acercó donde Shana, que estaba sentada a mi lado, y le dijo:

—¿Puedo acompañarte a tu casa luego?

Ella, sonriente, le respondió:

—¿Por qué no?

Luego se fue diciendo:

—Chau Lulita.

El alma se me cayó a pedazos por el desconsuelo. Yo parecía no existir para él. Salí corriendo hacia mi casa, llorando y buscando a mi mamá, pero no la encontré. Para ese entonces mamá y papá acostumbraban dejarme sola más tiempo que antes. Me saqué los aretes de perlas de mis orejas y juré no volvérmelos a poner nunca más. Estuve en mi cuarto largo tiempo, muy triste, preguntándome: "¿Por qué no me mira? ¿Acaso existe algo malo en mí?".

Aquella noche mis papás llegaron tarde, como siempre. Cuando los saludé e intenté hablar con ellos, me dijeron que estaban cansados. Una vez más no pude contarles lo que me sucedía. Desde aquella noche, empecé a conversar con mi diario y a escribir en él mis tristezas. Estuve mirándome largo rato en el espejo del agua, buscando la falla en mí. "¿Se me verá poco atractiva? ¿O quizás a nadie le importo?", me repetía.

A partir de entonces, empecé a notar que ya no era importante, valiosa y bella como antes. Empecé a verme gorda, fea y tonta. De pequeña fui el centro de atención, pero ya no era así. No lograba atraer una mirada, ni siquiera la curiosidad de mis padres por saber qué me ocurría. No quería ver a ninguno de mis amigos y busqué aislarme de todos. Conozco una roca cerca de mi casa que es mi favorita. Me senté allí largo rato, mirando el cielo nocturno, hasta que recuperé la tranquilidad. A partir de aquella vez, comencé a pasar horas mirando el firmamento, queriendo entender lo que me sucedía.

Observando noche a noche el cielo, descubrí que hay cientos de estrellas celestiales que flotan en el aire. Se parecen mucho a las estrellas marinas, solo que ellas tienen luz propia y son realmente hermosas. Noté también que, a diferencia de nosotras, ellas se mueven sin separarse. Mi vida era distinta, pues mis padres se habían ido alejando de mí. Ellos se despedían cada mañana y se marchaban. Parecía no agradarles dejarme sola, pero de todos modos lo hacían, diciéndome que no podían descuidar sus actividades; luego me repetían que yo era la razón de sus vidas.

Una mañana les pregunté por qué tenían que hacer todos los días lo que no les gustaba. Recuerdo claramente lo que mi mamá respondió:

—Lo siento mucho, Lulita, es la ley de la vida y debemos serle fieles. Sé paciente con nosotros, hijita.

Yo no entendía quién era la vida ni por qué pone reglas tontas de este tipo.

Noche a noche continué viendo las estrellas del firmamento. Cuando el cielo se llenaba de nubes, noté que las estrellas desaparecían de mi vista, pero cuando el viento soplaba y se las llevaba, seguían allí, siempre juntas. Sin despegar la vista de ellas, pensé: "Si brillara como una estrella celestial, sería hermosa y nadie se alejaría más de mí. ¿Será la única forma de atraer la atención?". Pero… ¿como lo lograría? ¿Como llegaré a los cielos si no se volar?

Al contarle mi idea a Orli, mencionó que lejos de casa había una enorme roca que parecía tocar los cielos: la Peña de las Morenas. Sabía que era peligroso acercárseles, pues ellas son muy agresivas, pero quizás ocultándome podría llegar a aquella roca y de allí a los cielos. Debía planear bien mi aventura, por lo que continué varios días visitando mi roquita.

Una noche, Shana, Miguel y un amigo más que estaban cerca, me dijeron:

—Lulita, te hemos estado mirando y quisiéramos que nos digas: ¿por qué te pones a observar el cielo por las noches? ¿Acaso quieres ser una estrella celestial?

Se rieron todos a la vez, lo que me puso furiosa. Traté de explicarles que mirar el cielo por las noches era emocionante. No lo entendieron y se marcharon burlándose. En ese momento decidí partir; aunque la sola idea de irme por lugares desconocidos me daba temor, era mejor que quedarme sufriendo.

Solo le comenté mi idea a Orli, pues debía ser un secreto. Averigüé más sobre aquella roca y escuché que solo alguien sin juicio se arriesgaría a ir. Yo haría el intento, de todos modos. "La luna llena que iluminará mi camino vendrá pronto y partiré", me dije, dándome ánimos.

Al fin llegó la luna de mi aventura, el momento apropiado para emprender mi viaje. Era tarde y mis padres dormían profundamente. Me acerqué y los contemplé, recordando maravillosos momentos. Con la voz quebrada y muy bajita, para no despertarlos, les susurré al oído lo mucho que los amo. El cuerpo me temblaba y me invadían las ganas de abrazarlos y besarlos. Tomé aire y limpié mis lágrimas. Sigilosamente salí de allí a emprender mi largo camino al cielo, para dejar de ser una estrella común. Sabía en mi corazón que pronto estaría junto a otras estrellas en el firmamento y obtendría mi luz, para luego regresar a mi casa más bella. Al fin sería importante.

# Un camino difícil

Como ya conocía los alrededores de mi casa, supuse que el camino por recorrer sería una tarea sencilla. Además, había aprendido cómo guarecerme de los peces grandes si estos se querían acercar.

El brillo de la luna me ayudaría a no perderme en la oscuridad. Avancé tan rápido que mis ventosas poco a poco se fueron irritando. Afortunadamente, encontré lugares donde abundaba la arena y podía descansar, pero en otros había tantas algas que casi me impedían abrirme paso, pues me tapaban la visión. Era difícil saber lo que había tras ellas. Los peces se escurrían con mucha facilidad, así que los seguí, porque mi mamá me había enseñado que, si ellos pasaban, era una señal de que no había peligro. Tenía miedo de pasar, pues ni la luz de la luna penetraba hasta allí.

Nunca imaginé que el fondo marino fuese tan accidentado, con largas y filudas rocas. La peña de mi aventura debía estar muy lejos, porque no se la veía por ningún lado, aunque estaba segura de llegar. Me decía: "Apenas consiga llegar a la roca, treparé hasta la punta que toca los cielos y estaré rodeada de brillantes estrellas amigas, del sol y de la hermosa luna".

Después de varias horas empecé a cansarme y a moverme con lentitud. Encontré una roca grande; parecía ser la que buscaba. Al escalarla me di con la sorpresa de que traspasaba la superficie del mar, pero no lo suficiente como para llegar al cielo. Me quedé mirando el suave brillo de las olas con el reflejo de la luna; luego, bajé la empinada pendiente y continué. Debía ganarle al día antes de que las estrellas se fuesen.

De regreso al fondo, tuve una inquietante experiencia. El mar parecía partirse por la mitad a causa de un intenso cordón plateado largo y horizontal. Se trataba de un grupo de barracudas. Me mantuve muy quieta, escondida. Hubiera querido sostenerme por aquel cordón y dejarme llevar, pero a las barracudas nadie se les acerca. ¿A dónde irán? ¿Seguirán la misma dirección que yo?

Las estrellas no tardarían en irse; debía apurarme, porque si amanecía antes de llegar al cielo, tendría que esperar hasta la próxima noche. Después de un largo andar, encontré un claro de arena fina. Mis ojos se cerraban y decidí descansar, sin presagiar lo que me sucedería.

Algo muy grande y con mucha fuerza me sorprendió por detrás y tiró violentamente de uno de mis brazos. Me era imposible verlo. Había levantado tanta arena en el forcejeo, que tapaba la visibilidad, me elevaba y daba vueltas, subía y bajaba, me giraba como si no tuviera peso. Cuando estaba convencida de que ya no había remedio y sería mi fin, me soltó, seguramente para morderme por la cabeza y terminar conmigo, pero no pasó nada. No supe por qué se alejó sin que lo llegara a identificar. Tal vez a él tampoco le agradé.

Aquella gresca me había sacado de mi camino y me encontraba cerca de una cueva. ¡Qué miedo! Sabía por mis papás que dentro de esas grutas se ocultan terribles enemigos. Me quedé quieta para no llamar la atención, pero noté que dos grandes ojos, semejantes a conchas marinas, me miraban desde la oscuridad.

Con ojos así, el tamaño de mí enemigo debía ser descomunal. Corrí a un costado de la cueva y me oculté detrás de unas piedras para que no me encontrase. Aquel animal levantó mucha arena al salir de su escondite, mientras yo rogaba a los siete mares que no me viese. Cuando la arena se asentó, logré divisar por un orificio entre las piedras su terrorífica silueta. Era un pulpo con enormes tentáculos que se movían de arriba a abajo.

Él metió uno de sus tentáculos en mi escondite para sacarme de allí. Me arrinconé, pegando mi cuerpo lo más que pude contra las filudas piedras. Respiraba agitadamente y sentía que el corazón se me salía. El pulpo rebuscó en cada espacio, hasta que empujó muy fuerte una de las piedras. De este modo quedé a su alcance, y de un solo jalón me sacó fuera. Nuevamente estuve delante de su cueva y a su merced. Me miró fijamente, con el rostro desencajado. Comprendí que tratar de huir sería inútil, pues me alcanzaría sin necesidad de moverse. ¡No tenía escapatoria!

—¿Cómo te atreves a inquietar la paz de mi hogar? —dijo con voz fuerte y ronca. Temblaba tanto que no podía hablar ni dar un paso. Busqué ayuda en los alrededores moviendo mis ojos muy lentamente, pero no encontré sino unos peces pequeños y algunos cangrejos que se escurrían espantados por entre las piedras de modo tan seguro que no los volví a ver. El pulpo se acercó, e inclinando uno de sus ojos en señal de intriga, dijo:

—¡Qué ven mis ojos! Es una tonta estrella marina. Apenas puedo creer que mi cena toque a la puerta. Qué magnífica comida voy a degustar esta noche, aunque las estrellas marinas no son mis favoritas. Solo necesito buscar algunos pececitos y algo más para acompañarla —dijo él entre dientes. De un solo impulso se posó a mi lado y me miró con mucha atención, como quien revisa un manjar, y salivando volvió a decir:

—Un viejo pulpo como yo no está para escoger los alimentos, no soy tan veloz como cuando era joven. Añoro aquellas épocas en que comía lo que deseaba, ahora me canso, soy lento y vulnerable. Sin embargo, hoy estoy de suerte, ya que no tenía ganas de salir a cazar. Tu carne debe ser suave, como para hacer una buena digestión.

Al verlo algo viejo, empecé a retroceder lentamente para escapar, pero nuevamente con la punta de su tentáculo, y de un solo empellón, me regresó y continuó:

—Veamos, inquieta estrellita, déjame ver bien si no estás enferma, no sea que me causes una indigestión y eso me haría mucho daño.

Yo estaba aterrada: con un solo impulso me alcanzaría si intentaba huir. Luego, se llevó un tentáculo al filo de su boca, como analizándome. Con mucha intriga en su mirada continuó diciendo:

—¿Cuál es el nombre de mi cena? No he visto estrellas marinas cerca de mi casa. Se sabe que los alrededores son muy peligrosos. Hay muchas morenas y pulpos tan grandes como para inmovilizar a una corvina.

Al escucharlo, me armé de valor y decidí responderle:

—Lulita, señor pulpo…, me llamo Lulita —le dije con voz temblorosa—. Disculpe, si perturbé su tranquilidad, pero solo estoy de paso y no deseo molestarlo en absoluto.

Al escucharme no se inmutó. Su gesto serio y desencajado hizo que tomara nuevas fuerzas, y con voz segura le volví a decir:

—De hecho, hice todo lo posible por alejarme de los lugares peligrosos y ser cauta, pero un pez enorme o algo así me atacó por sorpresa y me arrastró hasta aquí, cerca de su cueva.

Hubo una pausa, y esta vez con gesto de súplica, pero con la voz esforzada, continué explicándole:

—Debo confesarle que solo quiero llegar al cielo para ser una estrella luminosa, bella y especial, pero ya veo que mi loca aventura se terminó. ¡Qué tristeza!

El pulpo se relajó, dejó de relamerse y me preguntó.

—¿Para qué quieres ir al cielo? Allí no hay agua que nos mantenga vivos, es una locura, pero… ¿cómo piensas lograr semejante chifladura?

A pesar de sus palabras de desaliento, me tranquilicé un poco y le respondí, segura de mi idea:

—Existe una roca enorme que sale del mar y toca los cielos. Si subo hasta el final, estaré cerca de las estrellas celestiales y lograré tener la luz que tanto deseo.

—¡Por el rey de los pulpos! ¿A quién se le puede ocurrir ser una estrella celestial? Estás imaginando cosas, hijita. Están demasiado lejos y es imposible llegar a ellas —exclamó el pulpo, muy desconcertado. Mirando al cielo, se rascó la parte superior de su cabeza analizando la situación y continuó hablando muy bajito, tanto que no lo escuché, hasta que nuevamente alzó la voz preguntando:

—¿Qué te hace pensar que debes dejar de ser lo que eres para ser lo que otras son?

Me quedé reflexionando por un instante acerca de lo que dijo y le respondí:

—Me siento sola, triste y fea. La vida de las estrellas celestiales es mejor que la mía. Ellas siempre están unidas, si una se mueve, las otras le siguen. Las estuve observando largo tiempo antes de tomar la terrible decisión de dejar mi hogar.

—¿Terrible? ¿Por qué dices eso, estrellita aventurera? —exclamó intrigado el pulpo.

—No pensaba encontrarme con un pulpo hambriento como usted —le respondí.

Él se alejó lentamente de mí y se acomodó en una roca, cruzándose de tentáculos. Sus ojos reflejaban mucho desconcierto. Noté que algunos peces se relajaban y salían de sus escondites a escuchar.

—Eres, sin duda, un caso del que nunca antes he oído hablar. Nadie en su sano juicio querría salir de casa conociendo los peligros del mar. Yo, que soy un pulpo viejo y experimentado, siento miedo de pensar en lo que me podría suceder.

Se puso a reflexionar; seguramente mi idea lo había sacado de tono. Cambió de posición en la roca, y con la mirada en el cielo estrellado, siguió hablando entre dientes hasta que dijo en voz alta:

—Veré si comprendí. Eres una estrella marina viajera que busca subir la empinada, peligrosa y colosal roca del arrecife, para de allí encontrarte en el firmamento, junto a estas otras estrellas que logro ver. ¡Por los tentáculos de mi tía Petunia!, lo que deseas hacer me parece imposible y temerario. Creo que, a pesar de saber que no llegarás, prefiero perdonarte la vida y dejarte ir. Quién sabe, dicen que con esfuerzo y sacrificio se logra lo que se desea. Quizás otro se encargue de ti, pero yo no lo haré —determinó el pulpo, y señalando con su grueso y fuerte tentáculo, prosiguió:

—Conozco una roca muy alta, la más elevada que he visto jamás. Ve de frente sin desviarte, pues en caso contrario serás presa de un grupo de morenas salvajes y despiadadas que no te escucharán. Debo admitir que tienes mucho carácter. Te confieso que algunas veces he querido hacer cosas descabelladas, pero nunca me he atrevido. Tú no mereces terminar en el estómago de un pulpo cobarde como yo.

No podía creer lo que escuchaba: ¡me dejaba libre! Con uno de sus tentáculos me dio un empellón, diciendo:

—Ve rápido, antes de que acabe la noche.

Salí de allí velozmente antes de que se arrepintiese. Había perdido un tiempo valioso. El trecho que me faltaba recorrer era solo de arena, o así parecía. Me invadió el temor de ser vista, pues no había dónde guarecerme. Tras meditar en la situación por un momento, decidí seguir y ser una estrella celestial, a pesar de mis miedos.

La Peña de las Morenas

Luego de una larga caminata, y cerca de la casa de las temibles morenas, logré ver la sombra borrosa de algo realmente grande. Sin duda era lo que buscaba: la piedra gracias a la cual conseguiría ser luminosa y bella. Debía llegar lo antes posible. El mar no era profundo por ese lado, así que logré sacar mi cabeza del agua y observar mejor.

Al llegar miré hacia arriba: la roca parecía infinita. Busqué la forma de pasar entre decenas de erizos sin lastimarme con sus filudas espinas. Había también algunos cangrejos que comían en la arena, pero mi presencia no parecía llamarles la atención. Apenas empecé a subir, me alarmé al confirmar que empezaba a amanecer. Trepé la empinada cuesta tan rápidamente como me fue posible, implorando a la noche que esperase mi llegada. Las ventosas me dolían, en especial la que me había lastimado aquel pez que nunca vi. Observé con horror que las estrellas celestiales me comenzaban a dejar. Por más que rogaba a los cielos, no esperaron y, una a una, desaparecieron. Estaba a mucho menos de la mitad y no sabía qué hacer: si regresar a casa o esperar en la cima de la roca la llegada de la noche. Fue entonces cuando decidí relajarme un poco, sintiendo la refrescante brisa marina. Me quedé impactada al descubrir que la luna aún estaba en el cielo y ya era de día; asimismo, tuve la ocasión de ver salir el sol por detrás de una montaña. ¡Qué emocionante, tan lleno de vida! ¿De dónde vendrá y hacia dónde irá al final del día? Posiblemente al otro lado del mar, y otros lo recibirán felices.

Cerca de la roca, unas gaviotas miraban atentamente el mar. Cuando el día aclaró, echaron a volar, salvo una, que se detuvo a observarme muy extrañada. Me adelanté a decirle:

—No quiero causar problemas, solo deseo llegar hasta la punta de la roca.

La gaviota miró a lo alto de la roca y dijo asombrada:

—¿Para qué querría una estrella marina subir tan alto y estar tan lejos del refrescante mar?

—Sé que no es fácil entenderlo, pero deseo brillar como las estrellas celestiales —le respondí.

—¿Hablas de las estrellas que rodean la luna por las noches?

—Eso mismo —le dije.

—¡Pero qué cosas estás diciendo, estrella marina! Eso es imposible: ustedes viven en el mar. No he visto nunca a alguna de ustedes que viva en los cielos, eso es irrealizable, pues no tienen alas para volar —dijo, muy seria. De pronto se echó a reír a carcajadas, mientras yo la miraba sorprendida.

—Si me permite, continuaré —agregué.

La gaviota dio un salto, abrió sus alas y se lanzó a volar alrededor de mí. Luego de mirarme por un rato, alcanzó a decirme entre risas:

—Yo, que soy una experimentada voladora, nunca he podido posarme en una estrella celestial. No sé cómo lo harás, pero ¡ten cuidado con el calor! — gritó, mientras se alejó, hasta perderse en el horizonte.

—¿El calor? ¿El calor? —me repetía—. ¿Qué es eso?

No le tomé importancia y continué alejándome del mar. Pensé que solo quería desanimarme. No imaginé lo que sucedería por no escuchar su consejo, el calor solo sería parte de mis problemas.

Continué subiendo y, sin darme cuenta, otra gaviota vino por detrás y me arrancó deliberadamente de la piedra con su pico. Fue tan rápido que no pude adherirme firmemente. Ahora estaba volando por los aires… Luché con todas mis fuerzas para liberarme, pero era imposible. De inmediato, otra gaviota se acercó por detrás de mí, gritando alocadamente:

—¡Dámela, es mía, yo la vi primero!

Peleaban entre sí, y mientras esto sucedía, dábamos giros bruscos por el aire, una y otra vez. Luché con todas mis fuerzas, hasta que la gaviota que nos seguía le dio un fuerte picotón a mi captora y esta me soltó. Con mucho vértigo por la altura, empecé a caer desde muy alto y ambas se lanzaron hacia abajo. Cuando caí al agua, pensé que la persecución acabaría, pero

ellas fueron tras de mí y entraron al agua en picada. Con la ayuda de mis brazos nadé desesperadamente hasta las profundidades, donde me escondí debajo de una piedra. Me oculté tan rápido que ambas, en su alocada cacería, chocaron torpemente de cabeza entre sí. Cuando volvió la calma, salí a verificar que se hubieran alejado. Me dolía todo el cuerpo, estaba mareada y asustada, pero cuando me tranquilicé, vi nuevamente la roca por la que había empezado a trepar. Caminé lentamente para no llamar la atención y recobrar la calma. Tenía miedo hasta de una piedra en la arena, pensando que sería una morena. Los minutos parecían horas, mientras me acercaba nuevamente a las faldas de la roca.

Ya no hacía tanto frío como al amanecer y el sol alumbraba fuertemente. Me alivié y logré descansar otro momento, recibiendo las miles de gotitas que lanzaba el mar al estrellarse contra la rompiente. Observé en el horizonte un grupo de bufeos; uno de ellos salía disparado del mar, para luego dar media vuelta en el aire y caer derecho de cabeza. ¡Qué espectáculo! Noté de igual forma que había una playa cercana, de fina arena blanca, que parecía no tener fin. Cientos de gaviotas se posaban en sus orillas y enterraban sus picos en la arena. Unas comían, otras descansaban, y algunas más llegaban volando hasta la orilla. ¡Qué bueno que estaban lejos! Cerca de ellas, cientos de cangrejitos de color rojizo comían en la arena.

Hacia el extremo de la playa había otras peñas tan grandes como esta, donde el mar golpeaba ferozmente. Desde mi hogar nunca pude ver algo mejor. El océano es inmenso y majestuoso, verdaderamente grande, lleno de energía y de olas imponentes.

Para entonces me sentía muy fatigada, como nunca antes en mi vida. Ahora debía ser cauta con las gaviotas durante el resto de mi camino y no dejarme sorprender nuevamente. Sé que pronto estaré en la cima y esperaré la noche.

Algunas horas después, a poco menos de la mitad de mi ascenso, el cuerpo me comenzó a hormiguear y el aire me faltaba cada vez más. Sentí la necesidad de descansar repetidas veces, pero no logré mejoría. Un ligero ardor me incomodaba, me causaba comezón en el cuerpo y sed, secando más mi agrietada boca.

Al principio la rompiente me refrescaba, pero ahora estaba lejos del mar. Las ráfagas de viento cesaron y empecé a tropezar constantemente. Aun así continué, pues sabía en mi corazón que llegaría. No tenía dudas.

El sol brillaba tanto que no podía verlo de frente, y cuando miraba hacia el mar, este se reflejaba como miles de espejos luminosos, mientras nubes silenciosas permanecían en el horizonte. Estaba sofocada y parecía que me sacaban el aire. Era la primera vez que me pasaba algo así. La roca empezó a tornarse difícil de pisar, hasta que me fue imposible posar mis irritadas ventosas sobre ella.

Busqué la manera de apoyar uno o dos brazos por vez para avanzar, mientras descansaba los otros. En el mar, ante cualquier adversidad podía ocultarme debajo de las rocas o de lo que encontrase, pero aquí era imposible darme ese lujo.

Miré hacia abajo y me di cuenta de lo alto que había llegado. Sentí vértigo. Se me hizo una pesadilla pensar que podía caer, y es que cada vez me resultaba más duro sostenerme. Me angustié muchísimo y empecé a llorar. En el mar el sol no parece hacerme daño, pero en ese lugar era muy agresivo.

La cabeza me daba vueltas y empecé a perder el sentido de la ubicación. Supliqué por ayuda, pero nadie me escuchaba. Creí que mi único remedio era saltar al mar, lo que significaba acabar con mi viaje. Sin embargo, no era sensato dar marcha atrás, porque me faltaba poco para llegar a la cima.

De pronto, el mar, la playa, el cielo y todo alrededor parecía fusionarse en un solo color. Se me nublaba la vista y todo giraba en mi cabeza. El mar estaba en el cielo y el cielo en el mar. Perdí la conciencia de quién era yo y qué hacía allí. Suspiré y cerré mis ojos para calmarme. De pronto, sin entender por qué, todo se tornó en paz y silencio. La luz del sol se comenzó a apagar y mi cabeza dejó de girar. Empeñada en que nada me detendría, continué mi camino a ciegas.

Lulita en el espacio

No sé cuanto tiempo estuve andando con los ojos cerrados. Deben haber sido horas. Sin darme cuenta, la noche llegó y logré mi cometido. El cielo bullía de estrellas, y para mi sorpresa, yo compartía ese lugar. Estaba sana y salva. "¡Qué bueno!", suspiré.

Aquel mundo era muy distinto del mío. Había cientos de estrellas brillantes por todos lados, rodeadas por el negro manto de la noche. Unas cercanas y otras lejanas. Algunas levantaron la vista al verme; a otras no parecía llamarles la atención. De pronto, una luz fuerte e intensa invadió todo alrededor. Volteé impresionada al ver un cometa gigante que, dejando su larga y escarchada cola luminosa, se perdió detrás de un planeta. Cegada y paralizada por la magia del lugar, solo reaccioné al escuchar una voz chillona y desafiante que preguntó:

—¿Qué hace una estrella marina en el cielo? ¿Acaso estás perdida? Regresa, que este no es tu hogar, tú no tienes luz.

El resto se echó a reír. Sentí una gran desilusión: no brillaba, como las demás. Seguía siendo la misma estrella opaca: nada había cambiado. En medio de las burlas, noté que mi cuerpo se volvió ligero como el más pequeño de los peces. Flotaba y me resultaba sencillo moverme velozmente de un lugar a otro. Hacía lo posible por girar lentamente, pero mi cuerpo lo hacía a gran velocidad. No tenía peso y giré muchas veces, como un remolino de viento, hasta quedarme quieta. Algo mareada, me dediqué a mirar todo el firmamento. El mar, el sol y la roca habían desaparecido. Saludé con una tímida sonrisa, aunque en realidad estaba confundida y apenada. Necesitaba saber por qué no brillaba.

Antes de que pudiera preguntar, una estrella que estaba frente a mí exclamó:

—¡Estrella marina! ¿Podrías moverte hacia un lado, que me tapas la vista?

Luego, escuché otra voz lejana:

—¿Acaso no te has dado cuenta de que no eres como nosotras? Ve al mar, que es allí donde perteneces.

Luego, se escuchó a mi lado una voz de adulto preguntando:

—Si ustedes, las estrellas marinas, no pueden volar, ¿cómo es que has llegado a surcar los cielos?

Su suave tono de voz me recordó a mi mamá. Al girar mi cabeza, vi su hermoso rostro lleno de luz. Entonces le respondí:

—Llegué subiendo por una roca alta que sale de los mares hasta los cielos. Deseo brillar como una estrella celestial y me quedaré el tiempo que sea necesario para aprender a hacerlo.

—Me encantaría la idea de tenerte aquí y enseñarte a brillar, pero no sé cómo hacerlo. Además, no eres mi hija. Cualquier madre se sentiría triste de perder una hija tan hermosa como tú.— Luego agregó: ¿Cómo te llamas?

—Lulita, señora Estrella —le respondí, mientras continuaba mirando todo alrededor. Entonces ella prosiguió:

—No posees luz como nosotras, sin embargo tienes un bello color anaranjado que recuerda el sol del atardecer. No cabe duda de que tu mamá se debe sentir orgullosa de ti. Yo me siento afortunada por cada una de mis pequeñas estrellitas, aunque ellas me den algunos problemas. No comprendo por qué deseas tener luz como nosotras, aunque debes necesitarlo mucho para alejarte del océano y de tus seres queridos.

—Mis papás ya no me dedican su tiempo como antes y apenas logro atraer algo de su atención. Salen todo el tiempo y me quedo sola en casa, deseando que lleguen. Hace poco conocí en la escuela a un amigo con quien me gustaría pasar más tiempo, pero él me ignora. A su lado soy una roca más. Debe ser mi cuerpo sin brillo, o quizá me esté volviendo fea y gorda. Me siento sola en casa y fuera de ella también.

Ella me escuchó muy atentamente y retomó el diálogo:

—Quisiera comprenderte mejor y ayudarte a buscar tu luz, pero estoy segura de que tus padres deben estar muy preocupados por ti. A veces no logro entender bien a mis hijas. Muchas veces he querido tener un manual que me enseñe a criarlas y a hacer que se sientan bien. En fin, no sé cómo te las arreglaste para venir, pero creo que deberías regresar. Me encantaría apoyarte, como a mis pequeñas estrellitas. ¡Lo siento! —dijo con rostro afligido, y continuó titubeando—: No es el mejor consejo que una madre pueda dar, pero quizá si lograras llegar a un lugar lejano y solitario… —dijo, escondiendo la mirada, mientras señalaba un pequeño grupo de estrellas que apenas se lograba distinguir. Parecía ser el fin del

Universo, el final del mar o algo así. Ni siquiera me sentía capaz de calcular la distancia y el tiempo que me tomaría ir, sin contar con las sorpresas que podría encontrar.

Ella prosiguió:

—Detrás de esas estrellas, explotó un planeta que derramó millones de rocas, tantas que semejan formar un laberinto sin fin. Allí existe una constelación de millones de estrellas, muchas más de las que te puedes imaginar. Tendrás mayor probabilidad de que alguien más te ayude, pues yo no podré hacerlo. Sin embargo, déjame decirte que yo me sentiría muy afortunada de llevar un lindo traje anaranjado como el tuyo: eres muy hermosa. No sé qué ideas locas pasarán por tu cabeza.

Me puse a meditar: "¿Regreso a casa o voy en busca de lo que tanto soñé?". El camino iba a ser largo y quizá peligroso. Llegar aquí me significó más de un susto. Afortunadamente salí airosa, pero ¿cuánto tiempo más seguiría con esa suerte? El convencerme yo misma de llegar a mi destino hacía que la suerte estuviera a mi favor, aunque empezaba a dudar de que esta existiera.

—¿Cómo llegaré allá? —le pregunté.

—Bueno, estrellita testaruda, ve sin desviarte, y una vez que llegues —lo que te tomará tiempo— solo tu instinto te guiará. Encontrarás en el camino rocas que semejan un laberinto. Quizás en aquella constelación puedas encontrar la luz que necesitas y ser feliz. Ve y me cuentas cómo es aquel lugar —me dijo ella, muy cerca de mi oído, y agregó en tono preocupado—: Dicen que es maravilloso y me gustaría ir, pero la verdad es que no tengo tiempo.

La expresión "no tengo tiempo" ya se la había escuchado antes a mis papás, y a mí me sonaba a: "No tengo ganas".

A pesar del temor que me invadía, me di ánimos recordando mi sueño: llegar a ser una estrella celestial. Me despedí, y como un rayo de luz salí, dejando mis temores en manos de la mamá Estrella.

Afortunadamente, por lo ingrávido de mi cuerpo, empecé a viajar a una velocidad increíble, como nunca antes imaginé, pero las distancias no parecían acortarse de la misma manera. Pasé a través de algunos cometas y de muchos planetas. Vi uno que tenía un aro vertical en el centro, muy raro pero hermoso. En el Cosmos la vida parece ir con lentitud, la calma es casi total: no hay ruido de olas rompiendo contra los arrecifes, ni cangrejos haciendo crujir sus tenazas. Nada de eso: todo es silencioso y tranquilo.

Aprovechando la paz que me rodeaba, y tras un largo recorrido por el espacio sideral, me puse a recordar un momento el mar, a mis papás y todo lo demás, por lo que me detuve a tomar un respiro. Se me vinieron a la cabeza el golpeteo de las olas, las sonrisas de mis padres y mis amigos. ¿Cómo estarían?

De pronto, tras haber estado muy relajada y casi dormida por el largo viaje, desperté de un brinco, como cuando uno despierta de una pesadilla, y me quedé sin aire de la impresión al sentir la peor de las sensaciones de toda mi vida.

El lugar se llenó de ruidos extraños, como si la naturaleza completa gritase a la vez. Sentí que la carne se me despegaba del resto del cuerpo y que empezaba a ser absorbida por algo tan fuerte que parecía partirme en dos. Vertiginosamente se elevó la temperatura de mi cuerpo, tanto como si tuviera al mismísimo Sol dentro de mí. Sofocada, giré la cabeza hacia atrás y entré en pánico al notar que una figura colosal venía hacia mí, absorbiéndome sin remedio. Lleno de ira y de maldad, se acercaba cada vez más, echando humo y escupiendo fuego por todos lados, como si estuviese furioso.

De pronto, un ruido que pareció ir hacia los confines del espacio salió de la boca de una de sus ardientes montañas, seguido por cientos de rocas ardientes que parecían huir despavoridas de su furia, dejando largas estelas de humo negro. Con astucia esquivé muchas de ellas que pasaban alocadamente. Si una sola me tocaba, sería mi fin. Logré ver que algunas delgadas montañas se partían en dos, botando fuego. Hice todos los esfuerzos posibles por escapar, pero parecía caer más rápido en aquel lugar violento.

Cuando vi que ya estaba llegando a su ardiente superficie, opuse toda la resistencia posible con las pocas energías que me quedaban. Grité y forcejeé contra esa fuerza, hasta que empecé a darme por vencida. Cuando parecía estar todo perdido, algo me jaló fuertemente hacia fuera. Casi sin fuerzas para hablar, pensé: "¡Qué bueno! Otra oportunidad para mí".

La Nube

—No tema, mi pequeña estrellita sin luz, que yo la sacaré de este embrollo —dijo una voz tras de mí. Vi que se trataba de una nube, pero a diferencia de las que me eran familiares, ella vivía cerca de aquel horrible planeta. No sé en qué momento apareció, pero lo cierto es que me envolvió tiernamente en sus blancos y acolchados brazos, haciéndome sentir cómoda y segura. Comenzamos a subir entre otras nubes más, que solo nos miraban. Nos alejamos de aquel planeta y todo volvió a la calma. La temperatura de mi cuerpo regresó a la normalidad, aunque a mi juicio aún parecía echar humo.

—Dígame ya de una vez, estrellita, ¿cómo se llama usted? —me preguntó la Nube intrigada y con un dejo de voz muy particular que nunca antes había escuchado. Además, parecía querer las respuestas al momento, sin darme tiempo de respirar.

—Me llamo Lulita, señora nube —le contesté, algo aturdida.

—¡Ah, cierto! Debí saberlo —respondió ella al segundo.

—¿Cómo habría usted de saberlo? —le pregunté asombrada.

—Bueno, soy adulta y lo sé todo —respondió segura, levantando la mirada hacia cualquier lado.

—Pero… ¡usted no supo quién soy! —le repliqué, a lo que ella de inmediato respondió, poniendo una mano en mi cabeza:

—Shhh, silencio. No debe contradecir a sus mayores. Usted sabe que soy su mayor y me debe respeto. ¡Sí, señor, claro que sí!

Luego de eso, se quedó callada, cambió su dura expresión y dejó posar su nostálgica mirada en los confines del espacio por largo rato, como si recordara algo o a alguien. Luego empezó a acariciar mi cabeza varias veces y volvió a decir extrañada:

—Qué peculiar y rara estrellita es usted y qué hermoso traje anaranjado el que trae puesto. Pues se nota que es distinta de las demás. ¿Acaso perdió su brillo, o alguien se lo arrebató? Dígamelo de una vez, estrellita sin luz.

—Nunca tuve luz, ya que soy una estrella marina —le confirmé.

—¡Ah, cierto! Ya sabía que era usted una estrella marina. No necesitaba decirlo. ¿Acaso se lo pregunté? No formularía una pregunta tan tonta como esa, ¿no cree? —volvió a decir algo alterada. Luego, más calmada, retomó el confuso diálogo.

—Usted vive en los mares, ¿cierto? ¿Qué hace una estrella marina tan lejos de casa? ¿Acaso se salió el océano completo? Cuénteme qué le ha pasado, parece ser algo malo. Cuente ya, de una vez.

—Es una historia larga —le dije, y comencé a contarle cómo me había sentido y mi viaje de aventura. Al finalizar, agregué:

—Me han dicho que debo atravesar miles de asteroides para encontrar una constelación. Busco tener mi propia luz para ser bella e importante. Sé que allí la podré conseguir —le respondí, un poco cansada de repetir mi historia nuevamente.

—Qué curioso, me parece haber escuchado decir lo mismo a alguien por algún lado, pero… pero qué importa, ya me acordaré —dijo la nube, mirando hacia todas las direcciones. Luego continuó:

—Debe usted ser muy especial o quizá muy tonta, ya que no he visto nunca una estrella marina en medio del espacio sideral. Estoy imaginando que la verdad es que su madre le dio una buena zurra… y sí que se las arregló para irse lejos de casa. Alguna vez mi hijita hablaba las mismas locuras que usted, pero sería tonto de mi parte creer en esos sueños y cosas fuera de la realidad. Al final se fue lejos y nunca más la he vuelto a ver, ¡sí, señor! Fue muy testaruda conmigo. Ella nunca se dio cuenta de que yo, su madre, siempre tengo la razón y sé muy bien lo que hago y digo, ¡sí, señor, claro que sí! Aquí conmigo lo tiene todo, pero mi niña nunca pareció estar contenta. Si me hubiese escuchado al menos una vez en lugar de soñar tanta bobería, aún estaría aquí —dijo la nube afligida y arrullándome a la vez—. Ahora la extraño tanto que daría mi vida por estar junto a ella —concluyó.

Mis ojos se cerraban mientras ella acariciaba mi cabeza, de la misma forma que lo hacía mi mamá antes de dormirme. Me acomodé bien, pues me sentía segura. Era como disfrutar de una almohada gigante. Su inacabable rocío me daba una refrescante sensación de estar en casa. "Qué bien me siento", me dije, y cerré los ojos. Blanca, que era el nombre de la señora nube, permaneció quieta, tanto que caí en un profundo sueño.

Ya descansada, le expliqué a la señora nube que debía partir a pesar de que me sentía bien a su lado. Ella me apretó más y empezó a decirme:

—Quédese conmigo, estrella marina, y prometo quererla siempre. No me iré de aquí ni le dejaré sola. A mi lado tendrá el cariño que tanto desea y yo la protegeré siempre. No creo que encuentre nada allá, no cometa locuras. Solo los soñadores creen que hay algo más en lo que se ve, pero lo cierto es que lo único que encontrará serán problemas y enormes rocas. Sé que tengo razón, ¡sí, señor!

Quizás ella tenía razón, pero algo en mi corazón me decía que era hora de seguir mi camino. Con la voz titubeante, y al verme dudosa, ella volvió a insistir:

—Nada le faltará y la cuidaré muy bien, pero solo una regla, solo una: hará lo que le indique sin replicar. Ya sabe que soy un adulto y sé lo que hago y digo. ¡Por Dios que sí! Sí, señor.

Algo insegura de salir, y sin dejar de mirarla con la misma ternura con la que veo a mi mamá, me armé de valor y le di un cariñoso abrazo diciendo:

—Extraño a mis padres, a mis amigos y al mar. Solo quiero regresar a casa brillando. Aunque no sé cómo volver, sé que hallaré la manera —le dije, algo melancólica. Ella suspiró y me abrazó fuertemente contra su cuerpo. Luego prosiguió mirando hacia todas direcciones.

—Si ve a mi pequeña nubecita, dígale que la estaré esperando siempre. Solo debe saber escuchar, y haré lo que sea necesario con tal que esté a mi lado. ¡Sí, señor! Una promesa es una promesa, claro que sí.

Me soltó de sus brazos y me lancé a perseguir mi destino. Salí rauda como un rayo de luz y tan veloz como un tiburón, por las oscuras paredes cósmicas.

El paisaje más adelante no era tan dinámico ni colorido; no había por el momento mucho con qué toparse o entretenerse, pero debía estar siempre alerta y no andar distraída. Pocas señales de vida se podían ver. Solo algunos cientos de estrellas distantes, aparte del pequeño grupito que me servía de guía, al que apenas lograba distinguir. Todo era demasiado extenso, el viaje parecía no acabar nunca, a pesar de lo rápido que lograba moverme. Mis ventosas no se esforzaban; sin embargo, avanzaba mucho más veloz que un joven delfín.

Mientras me dirigía al grupo de estrellas lejanas, ocurrió algo muy extraño. Una lluvia de escarchas de luz se precipitó a mi alrededor, tan rápida y sorprendente que me fue imposible ver de qué se trataba. Lo que la originó se alejó tan rápidamente que casi lo perdí de vista, dejando una estela luminosa tras de sí. Detuve mi marcha para observarlo detenidamente por si representaba algún peligro. No pasó mucho tiempo, y aquello giró velozmente y se dirigió hacia mí. Pasó tan cerca que sentí su intenso calor, y luego se perdió a mis espaldas. Daba vueltas una y otra vez, como si me estuviese analizando.

Hice una serie de piruetas para no estrellarme con aquella cosa. De un salto me hice a un lado para impedir que me tocase e hiciese daño. Retomé mi marcha apresuradamente para alejarme de su camino, pero en ese instante viró directamente hacia mí, y en cuestión de segundos se detuvo bruscamente frente a mi cara, provocando un estruendo o fogonazo. Esta vez quedé completamente cegada por su potente brillo. El ruido penetró hasta el fondo de mi cabeza. Parecía un trueno, no, quizá mil truenos. Con el corazón en la boca, y parpadeando mucho para acostumbrarme a su brillantez, hice lo posible por tranquilizarme. "No es bueno entrar en pánico cuando nos sucede algo que no entendemos, la mente quieta y tranquila funciona mejor" —me decía mi papá.

La estrella fugaz

Cuando por fin se quedó quieto y su fuerte brillo disminuyó, pude ver que era de mi tamaño y hasta parecía inofensivo; diría que estaba asombrado o curioso de verme. Se hallaba tan cerca que podía percibir su acalorado aliento. Impresionada, me mantuve quieta flotando, sin quitarle la mirada, para esperar que hiciera o dijera lo que deseaba. Luego, comenzó a dar vueltas alrededor de mí sin quitarme la vista. Tenía la impresión de que le parecía un molusco raro, un ser de otro mundo, o simplemente… una estrella sin luz. Tragué saliva, mientras mis ojos iban de extremo a extremo siguiéndolo. Me hizo recordar al ardiente Sol, pues emanaba de su cuerpo abundantes chispas de luz, lo que hacía difícil distinguirlo. Finalmente, rompió el silencio para preguntar:

—¿Quién te ha dado ese color tan extraño?

—Mis papás —respondí entrecortadamente.

—Aquí todos brillamos, pero tú… ¡¡¡hummm!!! Debes haber hecho algo malo para que no tengas tu propia luz. ¿O acaso estás enferma? —preguntó, y se echó a reír.

Me tranquilicé lo más que pude para no mostrar debilidad. Ya no me afectaban mucho las burlas ajenas, así que le aclaré las cosas diciendo:

—Soy una estrella marina que vive en los mares. No estoy enferma, ese es mi color natural, aunque, a decir verdad, no me siento bella, y al parecer a nadie le importo. Creo que soy diferente.

—¿No hay estrellas como tú en aquel lugar donde vives? —me preguntó.

—Sí las hay —le respondí.

—Entonces, ¿por qué te sientes tan poco atractiva, si todas son iguales? —insistió.

—No lo sé, en realidad, pero si lograse brillar como una estrella celestial, obtendría la atención de mis papás y de quienes yo desee. Me gustaría pasar más tiempo con ellos, como cuando era pequeña.

—Es extraño, los padres siempre se fijan en sus hijos, sean grandes o pequeños, gordos o flacos, feos o bonitos. ¿Dónde queda el mar, que no lo he visto jamás? —preguntó.

—Muy lejos de aquí —respondí.

—Tu color sí que es raro —insistió, mientras giraba a mi alrededor y a la vez observaba el entorno, como buscando alguna otra como yo.

Luego de haber pasado tanto tiempo lejos del mar, y ahora más segura de mí misma después de haber salido airosa de las circunstancias presentadas, en tono muy seguro le dije:

—Mi color es como el Sol del atardecer, que ilumina mi hogar todos los días. Mis cinco brazos son fuertes, y ahora más que nunca. Al decir esto me empecé a dar cuenta de lo lejos que había logrado llegar y, sobre todo, de que no dejaría ir mi sueño por nada del mundo.

Luego, la estrella fugaz retomó el diálogo:

—Tus papás te deben extrañar; además, ellos siempre tienen cosas que hacer fuera de casa. Salen todo el tiempo, porque sus quehaceres así lo exigen. ¿Acaso no te lo explicaron?

Me quedé pensativa durante un rato; lo que me decía me sonaba familiar y continué escuchándola:

—Mis papás son estrellas fugaces viajeras. Ellos se alejan por los confines del Universo, pero aun así no siento que me hayan dejado de querer —opinó la estrella fugaz.

Sonaba razonable lo que me decía, pero yo insistía en mi idea:

—De todos modos deseo llegar a una constelación donde viven miles o millones de estrellas luminosas. Es allí donde conseguiré mi luz.

Algo decaída, comentó:

—Nunca imaginé ver a alguien tan lejos de su hogar. Yo no he salido nunca del mío. Una vez quise alejarme de este aburrido sitio, pero otras estrellas fugaces me dijeron que era peligroso y que me iba a arrepentir. He escuchado historias de aquel hermoso lugar lleno de estrellas; sería un sueño vivir allí, pero la verdad es que no me he atrevido a ir. Después de todo, este no será el mejor de los lugares, pero sé que nada me va a pasar. Además, me he acostumbrado a vivir así. Tal vez sea por esa razón que no he visto nunca estrellas marinas como tú. No sería mala idea echar un vistazo, ¿no crees? —dijo la estrella fugaz, como si quisiera darse valor.

Sus propias palabras la animaron y le propuse que me acompañara, pero ella insistió en que podría ser presa de muchos peligros, como cometas gigantes y asteroides.

La animé diciéndole:

—Solo debemos ser cautas y estar alertas, sin distraernos mucho tiempo. Confiemos en que llegaremos bien a ese desconocido lugar: cuatro ojos ven mejor que dos y dos cabezas piensan mejor que una. Anímate a conocer algo distinto, de todos modos yo continuaré y me sentiré feliz de haber hecho lo necesario para lograr lo que deseo —le propuse, y sin agregar palabra, comencé nuevamente a moverme. No quería distraerme más. Con el rabillo del ojo, distinguí que la estrella fugaz me seguía de cerca. Apuré la velocidad y ella hizo lo mismo. Su cuerpo se encendió fuertemente con chispas de luz. ¡Qué bueno, se había decidido!

—¿El mar es un lugar parecido a este? —me preguntó, mientras aumentábamos la velocidad—. No lo es, ahora me empiezo a dar cuenta de que el mar es un lugar muy especial, y a su estilo, es vasto, y todo lo que vive en el es multicolor, con peces, cangrejos, caracoles y demás. El cielo celeste y el mar azul se funden en el horizonte en un solo color. Al atardecer, el sol se refleja en la superficie marina, formando miles de espejos luminosos —le conté muy apasionada. Al hacerlo, me entró una leve nostalgia y me quedé pensando en mis papás y amigos. "¿Me extrañarán ahora?". Yo ya los extrañaba muchísimo.

El camino continuaba, oscuro y solitario. Íbamos muy rápido, aunque no parecía que nos moviéramos demasiado en el espacio sideral. Por nada perdía de vista aquellas estrellas que me indicaron; hasta pasamos muy cerca de ellas, y nos dimos cuenta de que el resto del camino estaba desolado. No se lograba ver ni una sola estrella más. Lo único que nos faltaba era encontrar el laberinto de rocas de aquel planeta que una vez estalló, y atravesarlo.

Mientras la estrella fugaz me hablaba de su aburrido estilo de vida, nos topamos con algunas rocas pequeñas. Fue fácil esquivarlas, y hasta nos divertía hacerlo. Son toscas e irregulares, como algunas piedras del mar, y con agujeros, como la superficie de la luna. Se hacían más grandes cada vez. Zigzagueábamos para no toparnos con ellas y hacernos daño. Ya estaban por todos lados: arriba, abajo y los costados. Algunas eran filudas, redondas, y otras no tenían forma definida, pero eran cada vez más grandes y toscas. Reducimos nuestra velocidad lo suficiente como para no estrellarnos en alguna de ellas. Mi curiosidad y el temor aumentaban conforme penetrábamos más y más en ese mar de piedras. Eso ya se volvía tétrico y sombrío. Mi amiga fugaz estaba muda de la impresión: aquí nada brillaba, excepto ella, que alumbraba el camino. ¡Realmente estábamos muy lejos!

Las estrellas que nos habían servido de guía y referencia ya no se distinguían; fue imposible divisarlas a través de tantos asteroides desordenados.

Por momentos mi amiga o yo desaparecíamos de la vista y descubríamos luego que una de las dos se encontraba tras una roca grande. Tenía la impresión de que, luego de pasar una inmensa roca, hallaría la constelación, pero todo continuaba igual de desolado y oscuro. A

decir verdad, ni siquiera tenía la certeza de que existiese esa constelación. Fugaz tenía el rostro apagado, desencajado de miedo, e iba muy callada. No sabía qué decirle para animarla en un lugar cada vez más oscuro, sin nadie que nos protegiese y guiase. "¿Cuánto tiempo más tardaremos en llegar?", me preguntaba yo misma. "Debo estar loca de remate", pensé. De pronto ocurrió lo que tanto me temía: Fugaz se acercó y, en tono amenazante, me dijo:

—¡Creo que fue una locura de tu parte obligarme a venir! Nunca debí confiar en tus ideas, y menos aun creer que después de tantas rocas encontraríamos el paraíso. Aquí solo hay oscuridad y peligro. Demos vuelta y regresemos. No viviré en el mejor lugar, pero es donde me tocó vivir, al menos allí sé que nada me pasará —terminó de decir, de muy mal humor. Fue entonces cuando yo le respondí:

—Recuerda que solo darás vueltas por el resto de tu vida, tú misma lo dijiste —le recalqué. Encolerizada, repitió señalando hacia atrás:

—Por lo menos sé que allá nada malo me pasará. No pienso seguir arriesgándome por algo que quizá no exista.

Dicho esto, se dio media vuelta y empezó a alejarse de mí.

—¡Tal vez no falte mucho para llegar! ¡Solo un poco más! —le grité, mientras la perdía de vista.

En ese momento me sentí realmente sola y desconcertada. Me invadían miles de dudas y me preguntaba a cada instante si Fugaz tenía razón. ¿Existiría aquel lugar? ¿Alguien lo habría visto alguna vez? Hice lo posible por acallar mi mente y pensar con tranquilidad. El silencio ocupaba todos los rincones y la paz era tan grande que hasta dudé de que hubiera alguien o algo que me pudiera hacer daño. A estas alturas de mi viaje me costaba regresar. Respiré profundo varias veces y cerré mis ojos, pidiendo tranquilidad varias veces, hasta que dio resultado.

Pues bien, decidí que seguiría sola el resto del camino. Continué cruzando entre los estrechos pasajes que había entre roca y roca. En ocasiones, algunas estaban tan juntas, que apenas lograba pasar entre ellas. Ya cansada, me senté encima de un asteroide. Delante de mí solo había una roca gris tan grande que no podía verse otra cosa más que ella misma, que ocupaba todos los espacios. En ella, y frente a mí, había una especie de cráter o entrada. Se me paralizó el corazón de entrar por allí, pues quizá sería la única manera de cruzarla: podría tardar demasiado si decidía bordearla por alguno de sus infinitos lados. "¿Y si no tenía salida o me perdía dentro?", me pregunté.

Tomé un momento para pensar: allí no había ser viviente a quien preguntarle qué debía hacer, por dónde ir o qué animal o ser raro viviría dentro de aquel orificio. Ni siquiera sabía cómo retomar la vía a mi hermoso y verdadero hogar, el mar. Cada vez añoraba más a mis padres y al océano. Miré nuevamente aquella entrada y pensé: "¡Ahora sí me he metido en un gran lío!".

Agudicé mis oídos lo más que pude y me quedé unos segundos a ver si escuchaba ruidos extraños dentro de aquel orificio. Si había algo dentro, debía estar totalmente dormido o escondido. Mis ojos se humedecieron de angustia y tomé la decisión sin analizarla mucho, pues mi papá siempre me decía: "análisis es igual a parálisis". Entraría de todos modos. Lentamente me levanté y empecé a flotar de nuevo. Muy despacio y con cautela me acerqué al orificio de entrada. Para ser sincera estaba asustada, pero no tanto como antes. Me sentía confiada y segura; además, nunca antes pensé tanto en mis papás. Era curioso, pero antes no me había invadido esta clase de sentimientos, comprendí claramente, al empezar a entrar en la cueva, que cuando ellos se alejaban de mí, sentían la misma nostalgia que yo. Suspiré imaginando sus confundidos rostros al no encontrarme en mi dormitorio.

Sin pensarlo más, ingresé en la cueva. ¡Qué sensación más extraña! Un zumbido similar a un silbido apenas perceptible se filtraba en mi cabeza a medida que entraba, como si el

viento fuese prisionero allí dentro y sufriera por salir. El orificio era húmedo, las paredes irregulares y brillantes parecían congeladas, tanto que el frío me calaba entera. Apenas se veía dentro: solo la oscuridad parecía vivir allí.

Me dio recelo y aminoré, mas no quería quedarme quieta. A medida que entraba más, las paredes se iban estrechando y el frío aumentaba significativamente.

Luego, di un salto del susto. Empezó a sentirse una fuerte y aguda gotera que hacía eco hasta los límites de mi cabeza. Era traumático y fantasmagórico. "¿Será agua o qué?", pensé. Tenía la sensación de que alguien me jugaba una broma pesada.

Tapé mis oídos con todas mis fuerzas para no escuchar. Continué entrando, a pesar de que parecía que el camino no llevaba a ninguna parte, hasta que todo se tornó muy oscuro, tanto que me resultaba difícil ver más allá de mis narices. Seguí y choqué de cara con el fondo de la cueva. No encontraba por dónde seguir. No había salida y parecía que mi aventura había llegado a su final. Me sentí la estrella más tonta del mundo: ¡qué frustración! Como seguía flotando, descendí hasta el suelo, pero descubrí que no había piso en ese lado, solo un estrecho pasillo que empezaba debajo de mis pies. ¿Pero adónde me llevaría? Esto se ponía peor. Sin embargo, tenía la sensación de que me faltaba muy poco para llegar. Cansada y temerosa, me dejé caer varios metros hacia abajo. De pronto, el camino cambió de dirección. Ahora no iba más hacia abajo; por el contrario, este se tornó recto y estrecho nuevamente, y yo apenas cabía en él. Continué lentamente por el camino que comenzaba a aclararse. Confiada y muy alerta seguí por el pasillo, hasta encontrar lo que nunca antes imaginé ver.

La constelación

Al salir de aquel estrecho pasadizo, me encontré nuevamente en el espacio exterior. Ya no había más rocas ni oscuridad. Esta vez encontré millones de estrellas, tantas que semejaban una pared infinita y se hacía imposible ver donde terminaba una y empezaba la siguiente. La oscuridad no tenía espacio. Un mundo diferente me recibía. Había encontrado mi mayor tesoro: el universo de las estrellas celestiales.

Me acerqué confiada de haber encontrado lo que buscaba. Era la conjunción de estrellas más esplendorosa jamás vista por ser alguno; al menos eso fue lo que sentí. Millones de ojos me miraban entre impactados y desconcertados. Me quedé atónita por la belleza del lugar y pensé en lo afortunada que era de estar viva para apreciar ese momento maravilloso. Luego, una voz que parecía estar en todos lados a la vez resonó en mi cabeza diciendo:

—Lulita, bienvenida. Gracias por llegar hasta acá. Te darás cuenta de que somos la mayor concentración de estrellas del Universo.

—¿Cómo sabe mi nombre? —pregunté, intrigada, mientras agudizaba mis sentidos para descubrir de dónde provenía la voz. Esta parecía filtrarse a través cada una de las estrellas y hasta en mí misma.

—Te he conocido desde siempre y yo soy quien te ha guiado a este reposado y tranquilo lugar. Deseaste tener tu luz y aquí me tienes para ayudarte —continuó diciendo.

—Sé que vienes desde lejos para sentirte bella y querida. ¿Verdad que sí, mi pequeña y dulce criatura del océano? —preguntó enseguida, como sabiendo de antemano mis inquietudes.

Me miré completa y noté que seguía siendo una estrella marina sin luz. Solo reflejaba el brillo de todas las demás, así que le respondí:

—Es verdad, soñé con tener mi luz y brillar, sin embargo ahora solo me gustaría volver a casa con mis papás para decirles lo mucho que los amo. El largo viaje con todos sus riesgos y tropiezos me dio la oportunidad de vencer muchos temores y comprender mejor lo que antes me confundía.

Me quedé pensativa un momento en aquella reflexión y luego continué:

—Lo que no entiendo aún es cómo usted, estando tan lejos y sin haber hablado nunca conmigo, conoce mi nombre y mis inquietudes —le cuestioné, al darme cuenta de que era la única vez que no tuve que contar toda mi historia. ¡Fue muy extraño!

—Estoy más cerca de ti de lo que te puedes imaginar, mi querida Lulita. He escuchado y sentido tu intranquilidad desde hace mucho. Quiero que sepas que estoy siempre a tu lado para aplacar tus penas. Sé que no te sientes hermosa ni querida. Te diré que he intervenido a tu favor y estoy más cerca de lo que te imaginas. Mi nombre no importa ahora, me puedes llamar como desees. Soy amigo de todos los seres que tienen vida como tú, y por eso fui Yo el que te guió hasta aquí —dijo la voz que provenía de todas las estrellas.

Sus palabras me relajaron y aproveché para preguntarle:

—Si fui parte de tu mundo siempre, ¿por qué recién hablas conmigo? ¿Por qué nunca antes te he escuchado?

—Siempre me tuviste cerca de tu vida. Muchos saben que existo, pero se resisten a buscarme. Allí donde pongas tu vista, tus pensamientos, y sobre todo tu amor, cariño y pasión, estaré yo. Todas tus inquietudes, miedos y frustraciones las dejarás para mí, que yo sabré encargarme de ellos. ¡Naciste para ser feliz! No dudes nunca de que lo haré —me reveló la amable voz, muy segura de sí.

Sonaba bien todo lo que me decía. Me di cuenta de que tenía un buen amigo, aunque no entendía aun que siempre estuvo a mi lado o cómo lo volvería a encontrar sin hacer todo este viaje. Y a pesar de que no sabía de dónde venía la voz, y sin poder verlo, sentí una paz y tranquilidad que no había sentido nunca antes, así que me animé a preguntarle:

—Si yo me siento triste y confundida, ¿tú me escucharás y consolarás?

—Claro que sí, Lulita. Escuché con mucha atención todos tus temores y preocupaciones, pero en adelante ya no debes sentirte así. Todo eso déjamelo a mí, que yo sabré encargarme de lo que te molesta. No me importa el lugar donde me busques: solo háblame, que yo te escucharé. Eres una estrella muy especial por haber persistido en lograr tu sueño de brillar. Pudiste haber regresado en varias ocasiones, pero tu espíritu fuerte y persistente te impulsó a venir —me dijo en tono suave.

—¿Cómo sabré que vas a estar siempre a mi lado si no logro verte?

—Siendo feliz y dejándome tus problemas a mí. Ser alegre hace que tu luz se encienda fuertemente; yo la veo con mucha facilidad. Es así como te logro ver desde aquí y puedo estar a tu lado allá en donde te encuentres. Me sentirás dentro de ti como una corrientita y sabrás lo que digo. Aunque te cueste creerlo como a muchos, te irás dando cuenta de que dejarme tus tristezas, dudas e inquietudes te convertirá en una estrella feliz por el resto de tu vida. Te acompañaré a donde tú vayas y te guiaré cada vez que me lo pidas. Cuando te sientas sola o lo que fuese, búscame en las tranquilas y apacibles estrellas del cielo o en cualquier lugar que te agrade y sabrás de inmediato que estoy en ti.

—¿Por qué todos se alejan siempre de mí?

—Yo nunca me he alejado de ti. Además, quiero que sepas que eres un ser muy especial y hermoso. Tus padres te aman, te extrañan y se preocupan por ti. Ellos son responsables de tu vida, hacen muchos esfuerzos y sacrificios para brindarte mucha protección y amor. A ellos no les agrada salir de casa tanto tiempo y dejarte sola, lo sé muy bien.

—Entonces, ¿de todos modos lograré obtener mi luz? Entendí que solo así me verás.

—No necesitas ser una estrella celestial para ser hermosa, solo sé tú misma. La luz que tanto deseas la llevas dentro y la veo siempre, eso es lo que importa. Solo hace falta que tú lo creas para que la sientas recorrer dentro de ti. Es tuya y solo depende de ti que esta se mantenga brillando.

Al haber escuchado toda esa sabia explicación, asentí confiada con mi cabeza. Hubo una pausa y la voz prosiguió, mientras yo la escuchaba con mucha atención.

—Alguna vez escuché de ti que el color de tu piel no te agradaba. Permíteme contarte que hace mucho tiempo se planeó hacer el mar de color anaranjado. Pero me di cuenta de que el sol al ocaso sería del mismo color que el mar y se fundirían en un solo tono, entonces sería difícil diferenciarlos y muy aburrido a la vista, ¿verdad que sí? Sin embargo, como las estrellas marinas son tan hermosas, se les dotó del color que actualmente tienes y que contrasta perfectamente con el azul del océano y el sol poniente. Te confieso que paso momentos muy agradables contemplando el anaranjado brillo que destellan al reflejarse a la luz solar. Como verás, te presté atención siempre de la misma manera, como tú nos observabas desde aquella roquita y admirabas nuestra similar belleza.

Sus palabras me llenaron de una sensación de libertad que nunca antes había sentido. Supe que, al regresar al mar, mi vida cambiaría y mis temores se alejarían, como ya estaba sucediendo. Ya no me sentía confusa como antes. "¡Soy especial y siempre lo fui!", exclamé.

Mientras imaginaba lo buena que sería mi vida de ahora en adelante, las hermosas palabras de la voz seguían resonando en mis oídos, colmándome de paz y sabiduría. Ahora sabía que existía alguien a quien confiarle y entregarle mis tristezas y preocupaciones cuando me encontrase en problemas. Nunca imaginé que algo así sería posible; ahora lo sabía y, fuera donde fuera, contaría siempre con su compañía. Solo debía mantener mi confianza en él y, sobre todo, en mí.

Respiré profundamente y cerré mis ojos por un momento para recordar todos los detalles de la conversación. De pronto comenzaron a filtrárseme recuerdos del suave y reconfortante golpeteo de las olas contra los arrecifes. La voz irrumpió nuevamente en un tono muy suave, como hablándome al oído o desde lo profundo de mi ser, pronunciando las siguientes palabras, que nunca olvidaré: "Voy a dejarte una pista de lo cerca que estoy siempre de ti, un rastro que podrás comprobar tú misma de mi eterna presencia. Será lo primero que verás al abrir tus ojos".

De inmediato, noté que una a una las estrellas comenzaron a vibrar y a desvanecerse indistintamente.

Lentamente la noche llenó los diminutos espacios vacíos que ellas dejaban al desaparecer. Sonidos de mar llenaron mi cabeza, ruido de aguas, ruido de hogar, cada vez más intensos. Podía hasta oler la brisa marina, y sonreí recordando los mensajes que había recibido con tanta claridad. La voz se había callado y las estrellas que aún quedaban en el espacio —muchas todavía, pero menos que antes— parecían retomar la calma hasta quedarse quietas, muy quietas. Junto al ruido del mar, percibí un arrullo encantador, como si alguien me llevara. Con gran sorpresa, y sin poder creerlo, me di cuenta al reaccionar de que estaba nuevamente en el mar, en los fuertes brazos de mi papá, y con la vista directa en las estrellas celestiales, luciendo el cielo nocturno más maravilloso que jamás en mi vida había visto.

Miré con asombro a mi papá y a mi mamá, que dirigían las miradas más tiernas del mundo hacia mí. No dijeron nada en ese momento: sus ojos me lo decían todo. Juntos nos abrazamos fuertemente sonriendo. Levanté la vista nuevamente al cielo moteado de cientos de estrellas y agradecí el estar en casa nuevamente. Todo estaba muy claro. Las respuestas estaban escritas en mí, en los seres que más amo, en mi entorno y en las estrellas del firmamento. Sentí que, desde allí arriba, él me observaba y cuidaba. Un riachuelo de alegría me invadió el cuerpo; ese cosquilleo que la voz me había hecho comprender, el mismo que se siente cuando uno recibe una gran noticia o un gran regalo. Reconocí que lo que me dijo aquella voz era verdad.

Feliz de verme junto a mis padres nuevamente, les prometí que nunca más me iría de casa. Ellos me abrazaron y sonrieron aún más.

En el camino de regreso a casa, me dijeron que me encontraron al cuidado de un viejo pulpo al pie de una gran roca, quien les mencionó a mis papás que, gracias a mí, encontró la corriente de aguas templadas perfectas para vivir. Imaginé que él me siguió sigilosamente aquella noche. Ahora comprendo todo lo que había sucedido aquel caluroso día.

Soy hermosa y única, llena de luz, capaz de sentirme feliz, por que así lo deseo. Ahora sé que nadie se aleja de mí: solo era víctima de mis temores e inseguridades. Sé también que las respuestas a mis inquietudes se revelan más cerca de lo que me pudiera antes imaginar. Apenas me sienta sola, con miedo, frustración, fea, gorda o algo así, recordaré de inmediato que soy libre, feliz, segura, valiente, apasionada, decidida y bella, sí, un ser maravilloso, rodeada de un mundo increíble y lleno de oportunidades para mí.

Mis padres me aman y ahora no lo dudo ni un solo instante; además, alguien a quien no veo cosquillea dentro de mí y me hace sentir bien.

La alegría renovó mi ser, me acompañará siempre y me llenará de paz y quietud.

El universo siempre se alineará a mi favor cuando desee algo con todas mis fuerzas, trayendo hacia mí lecciones importantes de alguien a quien le importo. Sí, me refiero a Él, que me dio la mejor oportunidad de vivir a plenitud y, sobre todo, de darme cuenta que soy más grande y fuerte que todos mis problemas.

FIN

Agradezco a los talleres de liderazgo Life Symphony. Gracias a ellos, me hicieron ver que el éxito está en mí. Fue como volver a empezar mi vida, luchar por mis sueños y darme cuenta que puedo lograr todo lo que me proponga. Hasta hace un tiempo, no me atrevía a publicar un cuento de Lulita la estrella marina y quizás, se hubiese quedado guardado unos años más en el rincón de mis temores.

Gracias, Maricarmen y Euding, por darme la oportunidad de vivir a plenitud y mostrarme que las herramientas necesarias para triunfar, siempre han estado y estarán en mi y mi entorno.

Dios los bendiga por siempre.

www.oscarprietoramirez.com